TRAMAS POÉTICAS & VERSOS COSTURADOS

Editora Appris Ltda.
1.ª Edição - Copyright© 2019 dos autores
Direitos de Edição Reservados à Editora Appris Ltda.

Nenhuma parte desta obra poderá ser utilizada indevidamente, sem estar de acordo com a Lei nº 9.610/98. Se incorreções forem encontradas, serão de exclusiva responsabilidade de seus organizadores. Foi realizado o Depósito Legal na Fundação Biblioteca Nacional, de acordo com as Leis nos 10.994, de 14/12/2004, e 12.192, de 14/01/2010.

Catalogação na Fonte
Elaborado por: Josefina A. S. Guedes
Bibliotecária CRB 9/870

N935t
2019
	Novaes, Joana de Vilhena
	  Tramas poéticas & versos costurados / Joana de Vilhena Novaes. - 1. ed. - Curitiba : Appris, 2019.
	  115 p. ; 23 cm – (Artêra)
	
	  Inclui bibliografias
	  ISBN 978-85-473-3832-9
	
	  1. Poesia brasileira. I. Título. II. Série.
	
	                                              CDD- 869.1

Editora e Livraria Appris Ltda.
Av. Manoel Ribas, 2265 – Mercês
Curitiba/PR – CEP: 80810-002
Tel. (41) 3156 - 4731
www.editoraappris.com.br

Printed in Brazil
Impresso no Brasil

Joana de Vilhena Novaes

TRAMAS POÉTICAS & VERSOS COSTURADOS

Appris
editora

FICHA TÉCNICA

EDITORIAL	Augusto V. de A. Coelho
	Marli Caetano
	Sara C. de Andrade Coelho
COMITÊ EDITORIAL	Andréa Barbosa Gouveia (UFPR)
	Jacques de Lima Ferreira (UP)
	Marilda Aparecida Behrens (PUCPR)
	Ana El Achkar (UNIVERSO/RJ)
	Conrado Moreira Mendes (PUC-MG)
	Eliete Correia dos Santos (UEPB)
	Fabiano Santos (UERJ/IESP)
	Francinete Fernandes de Sousa (UEPB)
	Francisco Carlos Duarte (PUCPR)
	Francisco de Assis (Fiam-Faam, SP, Brasil)
	Juliana Reichert Assunção Tonelli (UEL)
	Maria Aparecida Barbosa (USP)
	Maria Helena Zamora (PUC-Rio)
	Maria Margarida de Andrade (Umack)
	Roque Ismael da Costa Güllich (UFFS)
	Toni Reis (UFPR)
	Valdomiro de Oliveira (UFPR)
	Valério Brusamolin (IFPR)
ASSESSORIA EDITORIAL	Alana Cabral
REVISÃO	Cynthia Azevedo | Ana Paula Luccisano
PRODUÇÃO EDITORIAL	Fernando Nishijima
DIAGRAMAÇÃO	Fernando Nishijima
CAPA	Fernando Nishijima
COMUNICAÇÃO	Carlos Eduardo Pereira
	Débora Nazário
	Karla Pipolo Olegário
LIVRARIAS E EVENTOS	Estevão Misael
GERÊNCIA DE FINANÇAS	Selma Maria Fernandes do Valle

Aos meus pais,
primeiros incentadores das minhas tramas imaginárias.
Com quem aprendi a arte de converter silêncios difusos em palavra,
vagos desejos — em realização!

À Teresa,
presença que rega as minhas mudas subjetivas.
Lugar do meu escoamento simbólico
para que prosa farta eu possa ser.

Prefácio

ACERCA DAS TRAMAS POÉTICAS DE JOANA DE VILHENA NOVAES

Segundo Octavio Paz, a poesia revela o mundo, este mundo, o nosso mundo, e revela outro, um mundo de vários matizes, cores e sons. Nesse sentido, é sempre difícil decifrar um texto poético. Em geral, é um papiro cheio de meandros, armadilhas e tramas, para nos determos no título do livro de Joana de Vilhena Novaes. Seja como for, sabemos que uma interpretação é sempre uma entre tantas outras.

No caso de *Tramas poéticas & versos costurados* busquei palavras-chave que desvelassem caminhos reveladores sobre o texto. O *tempo*, certamente, é uma delas. Tempo entendido tanto em seu sentido cronológico, do aqui e agora, o tempo em que vivemos com suas nuances de epifania e terror, bem como um tempo emocional, estático, sem princípio nem fim, em que o corpo não está ausente. Poderíamos afirmar que se trata de um tempo humanizado em um corpo sempre presente.

O que nos remete ao filme de Win Wenders, *Asas do desejo*, em que um anjo, apaixonado por uma trapezista, segue seus movimentos sem poder dela se aproximar fisicamente. Para poder amá-la tem que se materializar, perder a sua imortalidade e embarcar na aventura humana com suas grandezas e misérias.

Essa é, também, a opção de Joana que, como o anjo de Wenders, abdica do etéreo e opta pelos prazeres do corpo. Nesse sentido, não é à toa que a palavra *banquete*, em algum momento, foi pensada para compor, entre outras, o título do seu livro. Palavra que não seria inapropriada se pensarmos na variedade de iguarias que nos oferece: sons, odores e elementos táteis que nos surpreendem em busca de um significado secreto, embora o "real" (com aspas como acentua Nabokov) seja uma construção do nosso imaginário. Ou seja, nós ordenamos o caos com poesia, possibilidade de navegarmos na vida.

Espelho é outra palavra que toma diversas conotações, imagem em que nos miramos e nem sempre nos reconhecemos: *Reconheci no espelho/ Tudo que já não era mais eu!*

Finalmente, uma terceira e última palavra-chave é o próprio Eu de quem a autora se revela e se esconde: *Eu me delato/ A cada relato/ Um novo retrato!*

Em síntese, trata-se de uma trama, urdidura que, em termos de Houaiss, significa um "conjunto de fios transversais à largura do tear", um tear que está estendido para uma tessitura que fala: *Há uma multidão, tem sim/ Um bocado de gente/ Silenciosa ou calada/ Que faz ruído em mim!*

Poesia é, também, perplexidade e opção: *Consertamos a paisagem gasta/ Ou mudamos o roteiro?*

Finalizo com um sim à vida que é anunciado em: Corporesia,/ heresia que encharca a alma de esperança/e a vida de sentido!

Pedro Garcia

Sumário

Qual a sua máscara...? 12
Mosaico..14
Do viver 15
O Véu da idade... 16
Paisagem... 17
Ser, matéria nossa..18
Crônica do Pai..20
Mãe árvore..21
Na borda 22
Endereçamentos corporais 23
Atenção que flutua: lunática no *setting*... 24
Uma boca e só... 25
Tribunal de contas internas 26
Terrorismo..28
O cheiro de ninguém 29
De tudo o que fazemos, para nada acontecer! 30
Big Bang 32
Imagina se eu contasse...34
Amizade, pra que te quero? 36
Um tanto dessa gente em mim..38
Vida e seus revezes 40
Do que não é mais...42
Nublada 43
Da paz que nunca tive 45
De bandeja..46
Voltei salsicha...47

Pra que Te quero? 48
Quem não arrISCA, não petISCA 49
Quando tudo dentro empaca fustigado pela tormenta 50
Um novo tempo... reflexos, perplexos, reflexões 52
2 nós cegos & 1 lastro de confiança 54
Alho Fato, Alherina e Tangalho 56
Ser no superlativo 57
O que dizer da poesia de William Soares? 58
Metabolismo do tempo 59
Trena de gente 60
Estética para uma existência poética 61
Não era a vez do casal 62
Mudança de endereço... Correspondência pra ninguém 63
Da vida, da morte, da gente 64
Eu TEspelho nosso, de cada dia... 65
É Tempo 66
Afeita e feita dos meus próprios efeitos 68
Davi de cinco pontas 69
Colecionador de si 70
Negativo revelado 71
O chamado 72
Deleite, de nada, dentro d'água 73
Um pedaço de mim 74
Dando azeitona pra banguela 75
O pulo do gato 76
Mar de vantagens 78

Derrapando na vida 79
Arquitetura de ninguém, projeto conjunto 80
(Des)monalização da beleza:
sobre musas, deusas e divas contemporâneas........................ 82
Derramados.. 83
Galo que não canta bate as botas 84
Epitáfio com franqueza, memorial de incertezas 85
De olhos bem abertos.. 86
Sacolão de apanágios 87
Mercado.. 88
Dois estranhos, um contato, terceiro ato: encontro............. 89
Solidão 90
Descartáveis do mesmo saco..92
Nostalgia... 94
Minhas desconstruções.. 95
Amálgama dos apartados 96
Refugo de gente, barrada no baile...98
Banquete particular..100
Des-sentidos pra viver ou
sobre o meu evangelho particular 101
Tapa de NÃO na cara 102
Descuidados 103
Desnudamento com palavras e outros que tais...................104
Descaminhos do Alê 105
Por um fio (ou sobre a tessitura de enredos amorosos)......106
Yom Kipur... 107
Mar e rio...108
Um copo de cólera 109
De tudo que não pode ser..110
Pescaria no sertão 111
Espelho às avessas...112
No arado em mim 113
Do gesto à gestação 114

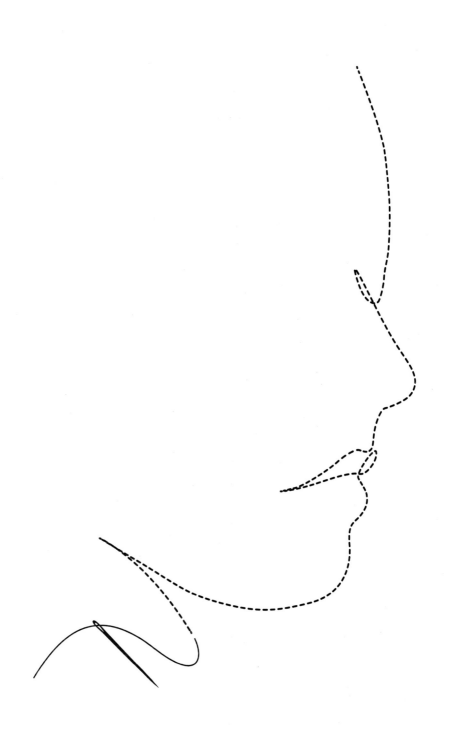

Qual a sua máscara...?

Ando abotoada
para me rasgar
nova identidade
Nesses tempos baldios
A pele muda
Os pêlos,
- outonos frios!
Não pio, apenas arrepio
A folha cai
Consciência esvai
A língua seca
A expressão caduca
O coração batuca
Troca representação
Nova facilitação
Olhar que se ajusta
Calor que sobe pela nuca
Base larga
Corpo que procura extensão
Pés plantados bem no chão
Corporalidade relaxada
Postura empertigada

Descontrução...
Roupas rotas
Panos soltos
Superfície é limite costurado
Moldes em desalinho,-
Contravenção!
Novas expressividades –
Atualização...
Cafonices descartadas
Cartas velhas bem guardadas
Faço & refaço
ao som do compasso
Marcação
resolução
Decodifico partituras internas
Ausculto intuição
Afino meu diapasão
Ruídos psíquicos
Ressonâncias identitárias
Sinfonia de Eus
Notícias do mundo
que habita em mim...

Mosaico

O que fazer com os restos?
Como juntar os pedaços?
Aonde vai o que sobra?
O que fica de um corpo?
Como selecionar os fatos?
De que é composto o amor?
Qual substância alimenta a dor?
O que pensam os amantes?
Como falar de separação?
Do que é feito o abraço?
Pra onde foram os braços?
Como restaurar os nós?
Por onde fala a sua voz?
Qual boca cala o teu desejo?
Que máscara reflete o meu semblante?

Se a visão é turva e a memória seletiva...

Como forjar espelhos inventados
e fabricar imagens na retina?

Como recontar a própria história?

Do viver

Plantando verde,
pra colher madura...
O que outrora semente
vingou raízes profundas
Nas reentrâncias obscuras
histórias boas de contar
Marcas do tempo
Irrompem na fronte
Minha guerra particular
Sagas e epopeias
Tramas, desenlaces
Tudo isso
carrego na pele

Narrativa do que sou
e fui

do meu lugar...

O Véu da idade...

O tempo é um cobertor
Acolhe ou sufoca
Encobre ou traz a dor

Vida abreviada
Não é morte anunciada
Projetos desviados

Velhice é

Humanidade transformada
Encosta escarpada
Mares bravios
chegando à enseada

Amor que converte em oxigênio
Fio e pavio queimam
Sem a vida esgotar

Velhice é o tempo no presente
e a voz trêmula a contar do pretérito

Velhos são a notícia de um agora
que não volta mais
Radiografias espontâneas
Oráculos familiares
Realejo do vindouro...

Velho é olhar-te
e na retina registrar
o seu passado
naquilo que me transformarei!

Paisagem...

Imagine que você vai pela rua acima
Agora imagine seu corpo
a despencar ladeira abaixo
Ajuste a visão incontinente
Olhos treinados acertam
no contorno exato

Para justas representações

Tente formar um continente
para o corpo presente
Tente informar a mente
das formas ausentes
Tente contingenciar
as forças prementes

Tente achar o sublime nos pontos convergentes

Aperte um pouco mais o paço
Afrouxe menos os laços
E sinta cada átomo que o constitui
Cada vértebra que te põe ereto
Cada memória celular
que o faz seguir reto

Rumo ao incerto de cada objeto

O corpo desorganiza
A Percepção paralisa
No traço eu me acho
No ato relaxo

No devaneio vou embora
Restos diurnos
Poesia feito expurgo
E o que era dentro foi pra fora!

Joana de Vilhena Novaes

Ser, matéria nossa...

Somos poeira de sonhos
Somos o oxigênio que nutre
essa delicada e frágil
barreira suspensa no ar
Somos composto translúcido
conteúdo e continente.
Somos matéria etérea
acrescidos de sólido amor
Somos líquidos
e pelas contingências
recrudescidos em carne
Somos na pele código de acesso
Somos nas vísceras,
rede de arrasto
de tempos imemoriais
Somos o resto do confete
Somos o rastro de foliões
que nos precederam
Somos purpurina
d'outros carnavais
Somos doutos
em histórias ancestrais
Somos engolidos,
cuspidos,
sorvidos,
quando nas entranhas acolhidos
Somos do jato que saímos
Somos no feto que formamos
Somos na água que ficamos

Somos expelidos
no aluguel vencido
dos nove meses
Somos proprietários
de uma unidade dual
Somos separados
num espólio desigual
Somos fragmentos de memórias
de um pacto carnal
Somos poeira cósmica
que junta presente,
passado & futuro
num ponto cardeal
Somos mitos, epopeias
e tragédias evocados em saraus
Somos no horizonte,
o que se avista da nau
Somos na origem
somos no final,
a junção de todo bem,
de todo mal
Somos a distância inatingível
e o que de perto
jamais será normal
Somos na narrativa do outro
Somos o estranho
e também a alteridade radical
Somos conjugados,
- singular e plural...

Crônica do Pai...

Meu pai é nuvem e aço em mim!

Nuvem porque me fez substância ideia. Restos daquilo que me sonhou e ainda sonha. Sou a última de um total de três mulheres. Aço, porque do barro moldável da paixão por minha mãe, salpicou doses fartas de foco e determinação, para que não esmorecesse diante das adversidades vindouras em qualquer humanidade presente.

Meu pai sempre me mimou e ainda mima. Das vantagens de ser sua caçula. Quando pequena, este era, inclusive, o nome do meu objeto transicional: "mimo".

Um pombo travesseiro, porque é do aconchego e da maciez que confortam o peso das ideias, que criamos asas para ventilar certos pensamentos...

Meu pai marcou sua palavra em mim e a palavra é sempre herdeira d'outros tempos & histórias. A vastidão da sua cultura patrocina a minha curiosidade por narrativas arcaicas.

Meu pai tem a solidez de uma pedreira. Robustos são os pilares do edifício do seu pensamento.

Toda pedra é, contudo, porosa. E nas suas brechas, poros e interstícios – derrama todo o seu amor sobre mim.

Mãe árvore

Minha mãe é assim: mãe-árvore! Raízes profundas, bem fundadas, laços que sustentam, com muitos galhos generosos e acolhedores, que se espraiam por aí, trazendo a sombra necessária para dar conforto aos meus irmãos – quem são eles?... Muitos, pois quem tem mãe dessa natureza aprende, desde cedo, o sentido da palavra proteção e aconchego. Seus frutos vivem a experiência de saber encontrar apoio, em seu tronco seguro. Minha mãe-árvore é também muito alegre, festeira, inquieta e gaiatíssima... uma das heranças fortes, da semente que tenho, fortemente, plantada em mim. Dos seus melhores ensinamentos... de tão fértil, gerou flores, sempre renascidas pela certeza, suscitada, quando a vejo dançar feliz, apreciando, com alegria e muito regozijo, as conquistas de tudo que em mim desabrochou! São tantos os produtos que brotam dessa semeadura, que a percebo sempre a bailar... Minha mãe é assim. Essa é a linhagem da qual descendo! Gente forte, tinhosa, com muita autonomia e capacidade de adaptação. Gente que celebra a vida depois das suas ventanias – reconhecendo o solo que nos permite germinar! Essa é minha mãe! Lugar para onde volto, depois dos meus ousados voos e trajetórias pessoais. Mãe-árvore é ninho e, igualmente, galhos que empurram seus passarinhos para o céu ganhar!

Na borda

Da espuma de um amor oceânico
Da gota que verteu matéria corporificada
Do anseio que fez pássaros um dia peixes
Da regressão ao útero água
Da gema clara, ao filho semente
Do bêbado ao bebê
Do vício cheio à palavra vazia
Do olhar que antecede ao toque
Do contato à moldura
Do som significado à lágrima significante
Do seio rejeitado à imagem distorcida
Da boca que alucina antes do beijo acontecer
Da onda que anuncia o caldo
Da torrente que revolve o fundo
Da concha

tenho notícias

na beira do mar em mim....

Endereçamentos corporais

E se esse corpo fosse rua: por quais descaminhos se atreveu?
E se esse corpo fosse mapa: quem melhor o descreveu?
E se esse corpo fosse morada: quem comigo habitar?
E se esse corpo fosse código: para quem a senha entregar?

E se da anatomia nada soubesse: a quem da máquina indagar?
E se o psiquismo engasgasse: qual escuta procurar?
E se em mim algo empacasse: o que há de mobilizar?

E se das certezas houver dúvida: onde ancorar?
E se a comida já não for: qual palavra será?
E se o olhar que sustenta falhou: o que o espelho devolverá?

E se o ato não completa?
E se o repetir não aplaca?

E se a imagem é incompleta...
O que restará?

Atenção que flutua: lunática no *setting*...

O que vocês fariam se sua analista interrompesse no meio da sessão a própria interpretação, olhasse para janela e dissesse extasiada:

– Olha lá!

Sem entender, interrompo a narrativa, levanto do divã e olho para a janela à procura daquela frase sem objeto.

Volto o olhar para ela, à espera de algo que justifique sua surpresa:

– A lua! – completa apontando.

– Você gosta mesmo da lua cheia, né? – pergunto.

Sem qualquer constrangimento, num gesto espontâneo, ela responde:

– Adoro!

Concluo que o sentido da vida, e também, para minhas próprias querelas subjetivas, trata, pois, da contemplação das coisas simples que nos deixam embevecidos...

Hoje, descobri mais uma coisa sobre ela, nessa nossa longa jornada juntas: gosta de cantarolar enquanto sobe a ladeira da nossa rua.

E se perde, absorta, olhando para a lua!

Feito pipa, eu a iço de volta para o nosso chão de metáforas.

Ela voa para eu criar raiz.

Minha analista é lunar!

Uma boca e só...

Bocas, dentes, lábios...
Encarnadas, cuspidas
Palavras despidas
Verbos surrados
Substantivos mal empregados
Saliva para untar os períodos
Língua ao sabor das prePOSIÇÕES
Um pouco de sal para pontuar
Baba de gente
Quando aprende a falar
Balbucio de bebê é peito
Falo por direito
No colo
O grito que cala
A mão que toca
Prenuncia a fala
Futuro verso, prosa
Poesia declamada!

Tribunal de contas internas

I

De tempos em tempos
Empreendo perícias internas
Com qual intuito, indagarão?

Desarticular meus crimes organizados
Desbaratar meus ilícitos mais inconfessáveis
Desvendar minhas tramoias subjetivas
Arquitetadas com riqueza de detalhes
Resistências sutis
Para desvios perfeitos
Acima de qualquer suspeita!
Comportamentos surpreendentes

Para intenções ímprobas
Preciso estar de olho, pois não tenho testemunhas –
Sou meu próprio álibi
Capaz de converter as finalidades mais banais
Em epopeias
Que justifiquem transgressões

II

Poetizando
Investigo meus julgamentos
Arrolo testemunhas fantásticas
Tanto quanto
A fantasia
É capaz de inventar...
Os meus fins
Criam os meios
Que habitam em mim!

Os meus fins
Criam os meios
Que habitam em mim!

Os meus fins
Criam os meios
Que habitam em mim!

Fio a fio
Eu me delato
A cada relato
Um novo retrato!

Terrorismo

Terrorismo da imagem, espelho, distorção!
Dos paradoxos
Dos pedidos de socorro
Da voracidade implacável
Da bulimia que vomita
Palavras engasgadas
Do discurso dominante
Da lipofobia reinante
Regurgitofagia como disfarce para autoflagelação
Das intervenções estéticas
Que matam
Dos pequenos suicídios
Do clamor imperioso por saúde
Das práticas nefastas para afastar a feiura
Do terrorismo que adoece
Da perseguição que promove solidão
Do mal-estar generalizado
Da comensalidade gourmetizada
Da culpa, pro banheiro, depressão
Do silenciamento anestesiado
Do pavor da exclusão
Da roupa que não cabe
Da nudez vista com aversão
Do corpo escárnio
Da exposição banalizada
Da hipocrisia instituída
De tudo que fazemos
Para não fazermos nada
E quando tudo empaca...
É preciso abrir a boca
E escorrer palavras

O cheiro de ninguém

Há coisa de um ano ou dois, publiquei uma crônica sobre uma mendiga residente do meu bairro. Velha conhecida de todos, há anos fez da calçada em frente à igreja metodista a sua morada. Na crônica, eu relatava suas preferências alimentares e o fato dela adorar quando lhe entregava iogurte de ovelha, sabor mirtilo (nosso preferido, temos isso em comum). Por alguma razão que me escapa, meus vizinhos de bairro acatam a sua presença. Digo isso porque já presenciei cenas medonhas de outros pedintes sendo enxotados pela vizinhança em atos de tamanha brutalidade que, até hoje, me arrepio só de lembrar! Algo nessa mendiga me intriga e talvez ali resida a razão para a sua permanência. Toda vez que nos cruzamos, como há pouco aconteceu, motivando esta reflexão, o seu mau cheiro só é sentido depois que por ela passamos! Como pode essa mulher ter um pacto com o vento que carrega o seu cheiro? Seria um acordo de coexistência que garantiria o seu lugar? Uma espécie de recordatório de que: onde existe um sujeito, não podemos, jamais, nos manter indiferentes? Toda vez que avisto a tal mendiga, prendo a respiração na expectativa do seu odor. E qual o quê? Sempre me surpreendo quando, da nossa aproximação, não sinto nada! Seu cheiro não a antecede, ele nos sucede, persegue, acompanha. E é justamente desse surpreendente estranhamento que se faz possível qualquer aproximação. Seu cheiro, passado, nos lembra da sua presença olfativa. Penso que o odor que dela exala funciona como resistência contra qualquer tentativa de torná-la invisível. Uma espécie de "rebeldia odorífica", uma vida que insiste pelo cheiro.

Sinto, logo és... ninguém é sempre alguém!

De tudo o que fazemos, para nada acontecer!

Nada me apraz tanto quanto flagrar pequenos atos de insubordinação. Quando a vida, vulgo "princípio de realidade", nos aponta uma direção e batemos o pé, com o corpo e o olhar voltados noutra direção... Puro prazer, desatenção plena!

Esta semana, ouvi dizer de um amigo que toda vez que é confrontado com algo que lhe aborrece ou parece inoportuno, anuncia: "vou me deitar!"

Encantam-me os mecanismos eficientes de autorregulação desorganizadora, de tudo o que precisa ser feito... Sabotagens das mais divertidas!

Assim também é comigo! Acontece algo desagradável e imperioso a fazer e lá vou eu sacar de inutilezas e desimportâncias (termos tomados de empréstimo do meu poeta predileto).

Desentendimentos com pessoas próximas, sistema inoperante de repartições das quais dependo, conexões falhas ou intermitentes, solicitações de máxima urgência e azucrinações em geral – tudo resolvido em suspenso, com fartas doses de: navegações atrás do lápis de sobrancelha perfeito, arranjos e ikebanas caseiros, poesias ligeiras, de última hora, e repentinas arrumações de gaveta.

Foco o que não é, desde pequena, é o meu xodó de cabeceira! Os grandes laboratórios e o lobby da indústria farmacêutica inventaram de chamar esse evento mental corriqueiro de TDAH!

Sem esquecer, é claro, do melhor antídoto contra a perda de prazos importantes, achar a tampa perdida daquele tupperware que não se usa mais – minha opção favorita!

E assim caminha a minha humanidade, mas não tem nada não, pois outro alguém me ensinou que cada um, a seu modo, tem o propósito de ser feliz!

Aluna dedicada que sou, penso logo na nobreza dos meus hábitos e rotinas. Quer coisa mais digna e altiva que substituir gatilhos feitos de burocracias, pequenezas e trivialidades por arte, apreço pela boa aparência e organização?!

Então está tudo certo: maus hábitos prontamente substituídos pelos bons!

Escolha sábia e recompensa garantida.

Acredito que a paz de espírito e a felicidade são estados mentais internos, subjetivos e intransferíveis!

Cabeça nas nuvens – sonhar é preciso!

Big Bang

Tudo que existe
Porque é vivo
Se contrai

Pôs semente em mim
Dali, vida formou
Barriga explodiu

Semente
Na sala
Espalhou

Bola de gude
De gente
Germinou

Pedaço meu

Em alguém
Rolou

Álbum de família
Desse encontro
Na mesa postou

Do ponto
Uma dupla
E a trinca ficou...

Teoria dos meus
Dos seus
Liame de todos os nós

Dos que foram
Dos que são
E dos que ainda serão!

Imagina se eu contasse

Que viesse
Que falasse
Que me olhasse
Que o olhar entortasse

E reconhecesse...

Imagine só
Imagine se
Imagine a sós
Imagine nós, sob os lençóis

E o espelho confirmasse...

Pense através
Pense partida e convés
Pense nos prós
Pense a saia cheia de ilhós

Encurtando na beira do cais

Veja talvez
Quem sabe
Outra vez
No máximo três

E do encontro... gravidez

A minha branca tez
Sua pele ibérica, xerez
Família, burguês
Amanhã seremos

Era uma vez...

Neurose é o inverno que chora a casa desarrumada no outono,
da visita que foi embora no verão.

Joana de Vilhena Novaes

Amizade, pra que te quero?

Amizade luxo só
Amizade pra não ficar só
Amizade como família escolhida
Amizade que basta um olhar
Amizade num esgar
Sem falar ou piscar
Amizade que adivinha
Amizade vizinha
Amizade espelho reverso
Amizade alma gêmea
Amizade pra colar
Amizade para obas e olás
Amizade pra lá e pra cá
Amizade sem vontade de largar
Amizade pra vida
Amizade que dura
O cruzar da avenida
Amizade desde sempre
Amizade de ontem
Amizade bolo com guaraná
Amizade pra zoar
Amizade pra deitar no colo
E chorar!

Amizade que a gente adora rever
Amizade pra conversar até o amanhecer...
Amizade eterna enquanto dure
Amizade: barba, cabelo e manicure
Amizade pra dormir e acordar
Amizade canina, felina, leonina
Amizade pro começo
Amizade pra acabar
Amizade por apreço
Amizade pra lembrar
Amizade que grita o seu nome
Amizade de cor o telefone
Amizade pelo avesso
Até nos tropeços
Amizade do fim ao começo...

Joana de Vilhena Novaes

Um tanto dessa gente em mim

Tem gente que doa
Tem gente que dá
Tem gente pra se lambuzar
Tem gente que vai lá

Há gente generosa
Que não dá banho sem tosa
Gente que repassa
Sem dar tempo pra traça

Tem gente na praça
Tem gente reaça
Gente pirraça
E há quem faça graça

Gente pra rir à beça
Gente pra sorver aos poucos
Gente pra chorar...
São poucos

Gente miserinha
Gente ruim e de rinha
Gente boa, conversada
Gente que não faz ladainha

Gente inteira
Freira, rameira ou lavadeira
Gente lá na ribeira
Gente que come pela beira

Gente recalcada, faladeira
Com a alma lavada
Carregando a cruz
Ou sacola da feira

Gente que dá suadeira
Gente pra tomar saideira
Gente acima e abaixo ladeira
Que olha a chuva e pula fogueira

Há uma multidão, tem sim
Um bocado de gente
Silenciosa ou calada
Que faz ruído em mim!

Vida e seus revezes

A mão firme agora vacila
Memória de um continente seguro
Ali, qualquer coisa eu podia
Na contramão do desejo,
a lágrima verte

Somos nós plural de nó?

O laço vazio aperta
Ninho de impermanências
O tempo desfaz presenças
A vida é um sopro
Quando esvai:

– Sol vira dó!

A dor contrai o corpo
E o que é vivo se retrai
Resiliência compassiva
Aceita que dói menos...
da noite, dia se faz!

Tristeza é o que desabotoa a alegria!

A cor era escura
Forte no trago
Puro sangue no pasto
Turvou-se o reflexo
Afasto o que não reconheço

À deriva, num espelho sem fim, amplexo da sua parte em mim!

Joana de Vilhena Novaes

Do que não é mais...

Te olho
não sou mais quem eu era
Te vejo
enxergo o que me tornaste
Somos meio e fim

Nau que afunda sobre mim!

Gosto e realidade mudam
Tudo que parece um dia fenece
O que jamais aparecera
Agora certeza!

Velho é criança que renasce em pé!

Sólido transmutou-se frágil
Cuidador virou cuidado
A voz da lei agora é manha
No entardecer da vida – barganha

Asa, trovão, bengala...

Tropeço que resvala
Corrimão hoje sou eu
Filhos bule
Pais já foram café

Xícaras, reencontros e um pouco de fé!

Nublada

Nó na cabeça
Embaraça os pensamentos
Palavras atropeladas
Tomam a boca de assalto
Consciência fugiu de mim

É nas nuvens que aconteço
Saio de mim
E suspensa
Sobre mim mesma
Vejo a outra renascer

Sobrevoo minhas instâncias
Confiro tudo
E com ar investigativo
Renomeio o acontecido

Aprovo os fatos novos
Assinatura refeita
Das partes ressurgidas
Rubrico nas páginas vividas

Carimbo legítimo
Experiência de si ampliada
Retalhos esquecidos
Reformatados

Agora, me vestem...

Borrão de gente não faz verão...

Faz o contente, se ajunta no bloco, alegria e comunhão!

Da paz que nunca tive

Refresco de si faz fumaça
O corpo esfria
Enquanto a cuca pega fogo
E quando quero esquecer
Me afundo ainda mais

Pendência é igual a mantra
E chiclete velho
Não dá onda
Paladar do nada
Que dança no céu da boca

E gruda no pensamento

Tatuagem de piche
Carimbo achado,
Dos meus perdidos
Nos pés
Traz a lembrança da praia

Que já não é...

Do cheiro
A vontade do toque
Da visão
Desejo de fusão

Na emoção – impressão, silêncio e comoção!

De bandeja

Vem não vem
Claro que vem
Vem pra mim
Não sem mim
Atrás de mim

Vem...

Se não vier
Vou atrás
Se vier
Seguimos juntos
Mãos dadas

Vem...

Corpos entrelaçados
Não faço doce
Pra você é de colher
Colhe amor, dulçor

Vem...

Aqui nada é rancor!
Tudo fervor
Pra calar a dor
Só amor

Vem...

Pra sempre
No espelho – cor carmim
Queima tudo
Arde em mim

Vem...

Voltei salsicha

Viagem faz a gente crescer por dentro...

Enlarguecer de experiências
Encompridar novas emoções
Distender memórias recém-chegadas
Ter incontinências visuais
Logo transformadas em nostalgia
Querer evacuar as vivências
Tornando tudo coletivo
Vomitação de histórias várias
Fatos épicos lendas virarão
Na boca dos amigos gulosos
Pelos sabores nunca provados

Viagem é deglutição de novos recheios
Metabolizar alimento etéreo
Sólido para as lembranças
Bálsamo, matéria dos sonhos
Compostagem que renova
O diário nosso de cada dia

Salsichando a vida
Que pulsante
também se retrai!

Joana de Vilhena Novaes

Pra que Te quero?

Te quero asas de aço
Amasso desfaço
Crio no ato
Imenso contato

Te quero firme
Sólido até no cansaço
Impávido colosso
Frescor no deserto

Mãos dadas solidão...

Te quero raiz
para momentos de fluidez
Te quero impulsão
Rede pra queda

Te quero muro pro ataque
Boca mergulho
Abraço que enlaça
Te quero escuta
Susurros & lamentação

Te quero....

Quem não arrISCA, não petISCA

Virei peixe...

Alheia a tudo que não é água
Cabeça pensando em nada
Submersa em silêncio e quietude
Rodeada de seres que não falam
Respiro tranquila

O movimento é cadenciado
A torrente me leva
Todo cuidado é pouco
O perigo muda a paisagem

Sedução começa pela boca
Viver profundidade
Morrer na superfície
Na mesa desunião

Na cabeça confusão
Pescaria comunhão
Toda gente, imensidão

Futuro incerto...
Nada aponta a direção
Nostalgia, solidão...

Joana de Vilhena Novaes

Quando tudo dentro empaca fustigado pela tormenta

E quando não resta mais nada a fazer... senta, olha pra dentro e espera!
Quem sabe de algum lugar, bem acima, vem a resposta?
Alguma epifania, iluminação?
Talvez um tropeço na rua e, *voilà*, dali chega a tão ansiada resposta!
De repente, da boca de um estranho, que, sabe-se lá por qual razão, resolveu a ti comunicar.
Nem mesmo o próprio sabe por que fala – apenas diz, no ímpeto e na urgência dos que cumprem uma função jamais questionada!

A quem confio a minha dor faz cara de paisagem, devolvendo a minha queixa,
como quem devolve um presente em desalinho.
Saia justa!
Não tenho o véu certo que lhe caiba.
Tampouco, as respostas pra calar o seu temor.
Minhas vestes não dão conta de esquentar minh'alma.
E, da mesma forma, o que sei me deixa nu, diante daquilo que indagas.
E a minha nudez denuncia ali o desamparo.
Devolvo o desconforto desse reflexo.
Eu não tenho a senha que buscas.
E penso ser mais prudente indicá-la pra quem goste de charadas: comigo não, tá!
Aqui não há delação premiada
E o teu silêncio cabisbaixo,
ao sair da sala,
relata o meu fracasso!

Nos despedimos constrangidos,
expectativas frustradas.
Do encontro, apenas o desejo de atravessar a porta.
Do pedido de ajuda, somente a porta fechada.
Da escuta, nada se ouviu, a porta bateu.
Das certezas, eu não sei nada de ti.
Do convencimento, ao sair, por favor silencie a minha ignorância
Próximo, doutor!

Um novo tempo... reflexos, perplexos, reflexões

O retrato já não me espelha
Alego quebra de contrato
O espelho entra com recurso
E eu clamo habeas corpus!

Parem o mundo que eu quero descer:
ouve-se a grita!
Mas o tempo não para,
– reconheço.

De dez em dez, levamos um susto
Décadas, tempo roubado
Divã pra reencontrar
Decadência ou retificação?

Consertamos a paisagem gasta
Ou mudamos o roteiro?
Recolhemos as placas em sinal de protesto
Ou selamos o acordo da coexistência?

Andamos como os jovens
Ou com eles?
Correr ou negar sua existência?
Sabedoria é troca
Ou porteira fechada pra inovação?

Ativos ou passivos?
Melancólicos ou maníacos?
Esticados ou com pregas?
Marginais ou dentro da vã?

Em processo de degenerescência
Ou franca adolescência?
Ensimesmados ou nas praças?
Pra onde vamos quando o caminho mudar?

Que nova sombra é essa que anda sempre comigo?

Joana de Vilhena Novaes

2 nós cegos & 1 lastro de confiança

Eu confio
desconfiamos ambos
Nos damos as mãos

Acordo certeiro entre dois cavalheiros...

Você fecha os olhos
Com ar de suspeita
Cedendo à pressão

Arte na condução de uma dama, sem o dom da visão...

Tímidos passos
Corpos desconjuntados
Risos desastrados

Paspalhos à deriva, sem norte, cartilha ou plano de ação...

Ritmo impensado
Estranho balé de pernas e braços
Versos desenhados com os pés

Sapatos descalçados fazem novo caminho...

Poesia orquestrada na ponta dos dedos...
Não se desgrudam
No teatro e no gesto – cumplicidade infantil

Engajados na cegueira, engatinham... descuidos assistidos

Gargalhadas incontidas
Brincadeira desmedida
Regozijo que encharca

Encaramo-nos encabulados...

Olhar revelador
Intimidade entre estranhos
Torrente de afetos que invadem

Chão vira âncora, os pelos eriçam, eles só observam...

Amor, serenidade, alteridade
Consciência expandida
Atenção plena no Outro – meu par sou Eu!

Relação especular, dentro e fora é o mesmo lugar...

Me encerro nele, que acaba em mim
Algo dele na beirada do meu jardim
Derrubamos nosso muro

Tijolo por tijolo, ruiu concreto de gente...

Fio a fio, refazemos nossa morada
Tecemos com nó cedo e indissolúvel
Nossa trama delicada

E assim

Entre pontos de cruz alinhavados
Crochetamos nossos segredos mudos
Cheios de gentileza

Toca o sino...

Nossa brincadeira é encerrada
Músculos exaustos
Atenção tonificada

Escaneamento de miudezas – partículas sem fim

Plenitude sem recheio visual
Abundância de um cuidado etéreo
Fartura de um amor gentil...

Alho Fato, Alherina e Tangalho

Não misture alhos com bugalhos
Nem as belas madeixas da menina
Com cauda equina
Bem no alto da colina
Nem tampouco tangerina
Espalhada no assoalho
Com o burro preso no cangalho

Alho Fato, Tangalho e Alherina
Vida e morte Severina
Toda a gente a reunir
Ali na esquina

Alherina, Tangalho, Falta Alho...
Bailarina presa no chão
Passarinho amarrado no galho
Coração abatido no peito
Espelho nosso em frangalhos!

Ser no superlativo

Tenho sede ou estou aguada?
É fome de viver ou devoração do que perdi?
Saudade de você ou carência de mim?
Perfume inebriante ou insensatez embriagante?
Escuta atenta ou silêncio ensurdecedor?
Toque revelador ou aspereza das palavras?
Molhada por você ou seca do prazer que era pra ser...?

O que dizer da poesia de William Soares?

Saudade do futuro é igual à pendência
Um dia precisará ser resolvida!
Saudade do que não vivemos é pior que nostalgia
Não vem amarrotada pelos abraços quentes da memória

Olhar pra própria vida como se não fosse

É como estar aleijado da própria caminhada
Se ao pisar na areia olho pra trás
E as pegadas não são minhas...
Esqueci de descalçar os sapatos
Que apertados impedem
Minha liberdade de correr pra não sei onde

Tudo bom de terminar
É sonhar de olho aberto
Pra não ver o que está lá
Quando já não há o presente
E, no futuro, vamos nos refugiar!

Recebido de um ontem pra sempre futuro comigo...

Metabolismo do tempo

Quanto TEMPO tenho
agora que NÃO TENHO tempo?
Sempre achei ter o tempo que QUERIA
Atualmente, entendi SER o TEMPO que não quero!

Se esvai o TEMPO dos que amo
Me lanço na PLATAFORMA de um trem-bala
Engulo o TEMPO de alguém
Minha DIGESTÃO talvez possa congelá-lo!

Para o ponteiro do relógio
EMPACA A BALANÇA DO TEMPO
Nada pode sair do lugar!

FAGOCITOSE DE DORES ALHEIAS
Sintoma suspenso no tempo
AUTORREGULAÇÃO às avessas
Conta que nunca fecha!

Enterro dos que não são EU
Corpo EMPRESTADO DOS MEUS
Roupas de um TEMPO MORTO
Botões que não fecham
EM SOMBRAS ALHEIAS

VELHICE apresentada EM NOVOS CONTORNOS,

Não CABEM mais EM MIM!

"O problema é que você acha ter o tempo!" (Buddha)

Trena de gente

Qual a espessura dos nossos sonhos? A densidade dos símbolos que os preenchem? E a largura do imaginário para fertilizar nossas fábulas mais secretas? Ideias expandidas para pensamentos concretos...

Estética para uma existência poética

Para os dias de melancolia,
respiro sem fim poesias
Para a tarde que cai agonia,
devoro poesias amanteigadas
recheadas de versos e rimas
Para as noites coléricas,
poetizo nas vísceras
Poesia medusa, picada na veia
Poesia bílis, vomitada nas palavras certas
Poesia fígado, um soco no estômago
dos leitores alienados de suas dores,
incertos de seus temores,
arrependidos de seus amores
Poesia cardiovascular
pra todos aqueles que almejam controlar
as taxas dos afetos alheios
tesão com freio
e os triglicerídeos
de quem ousou se entregar
Poesia baço,
para os ávidos de plantão
porque doçura pouca é bobagem
Poesia sucralose,
para os derretidos
desavisados que excedem
nas doses de cuidado
Poesia rins,
para quem deságua emoção incontida
Poesia delgada,
para os amantes das grandes descargas emocionais
Poesia sempre,
para a lágrima que escorre, o sorriso que seca
o abraço que aperta
e o beijo que molha
Poesia veneno contra a monotonia
caretices e outros que tais...
Corporesia,
heresia que encharca a alma de esperança
e a vida de sentido!

Joana de Vilhena Novaes

Não era a vez do casal...

Brincadeira a dois = diversão
Separados, solidão!

Desencontro só
Autoconhecimento, introspecção
Juntos, desilusão!

Garagem certa pro seu carro
Cobertura, encaixe
Túnel Dois Irmãos!

Trem errado na estação:
Perdeu a viagem
Lotação, multidão!

Saiu fora do trilho unitário
Coragem, ídolo, transgressão
Em dose dupla:
Faltou tino, briga, traição!

Querer que muda de lado
Sentido que muda a direção
Casal que dorme emburrado:
manhã angústia

À noite, apenas aperto de mão!

Desejos desencontrados
Rachadura no vaso
Mácula sem solução

Cruzou-lhe as pernas
impedindo seu trânsito
na contramão!

Mudança de endereço...
Correspondência pra ninguém

Em tempo de muda, muda tudo
Tudo pichado no muro
Palavra é sinal
Muda o curso do trânsito
Corpo parado, cabeça acelera
Olhos inquietos para além da janela
Conexões sacodem a cabeleira
Aonde o vento não chega
Sopro que arregala as ideias
Esperança que eriça os pêlos
Encurta a saia
Sobe a bainha dos neurônios
Olhar novo pro mundo

Cadê você onde eu já não sou...?
Nos encontramos onde há ninguém!
Quedamos nós em lugar algum
(Des) lugar de gente sem eira nem beira
A vagar pelo sábado
Espera figo em bananeira
Em plena quarta-feira

Joana de Vilhena Novaes

Da vida, da morte, da gente

Todo dia nasce e morre em nós
Vai-se a criança, aproxima-se o velho
Infância era, senectude vem
Engatinhando aurora, crepúsculo bengala
Das fraldas às escoras, somos todos nós

Damo-nos as mãos, abraçamos o tempo
No luto cotidiano, aperta a caminhada
Refresca a memória, reconta a sua história
Muda a década, parada obrigatória

Lamentamos o presente, saudando o passado
Vestimos o futuro, afivelamos o agora
Ninho vazio, revoada chocalho de nada
Asas crescidas, terno bem cortado
Berço a primeira veste, abotoadura era chocalho

E na gaveta afetiva
Dobramos memórias plissadas
Na fronte diante do espelho
Vincos de todos os nós
Que ficaram marcados!

Eu TEspelho nosso, de cada dia...

Fatias de parida no Natal
Fatias de barriga no Réveillon
Fatias dobradas do tempo
No corpo empanzinado
Que não cabe mais na roupa do verão passado

Tempo fatiado
Fato justo e inesperado
Longos anos de espera
Susto no espelho
Olhar desavisado

Fatias de afeto
Sentimento aguado
Adoçante amargo
Migalhas do seu pão
Não contemplam mais a minha refeição

Fatia nova daquele amor dormido
Gosto renovado
Preaquecido nos graus da atenção e do cuidado
Esperança temperada: com azeite fraterno
Leite materno e as ervas finas de algum encontro
Fortuito

É Tempo

I

Tempo de paixão, decepção, idealização!
Tempo de coesão, desunião, descoberta
Tempo de perna fora da coberta

Tempo de promessas, encantamentos
Tempo de troca de ofensas, mau tempo
Tempo de abraço, celebração
Tempo de largar o cheiro
Que virou mofo velho
Nos quatro cantos do chão

II

Tempo de restabelecer velhos laços
Tempo de esquecer antigos cansaços

Tempo
Vento lento que tudo refaz

Tempo
Tome tento, atento, tenaz

Tempo
Muda o momento, no colo desfaz

Tempo
Lá fora demora, por dentro não mais

Tempo
Algo devora, você que demora, par nunca mais!

Tempo não tento, sento nas horas e tanto faz!

Joana de Vilhena Novaes

Afeita e feita dos meus próprios efeitos

Como se escreve a própria história?

A quem cabe o direito de contá-la?

Por onde começa a minha introdução neste mundo?

A quem devo os primeiros aplausos da estreia?

Quem terá ouvido aberto à minha palavra?

De onde esperar o compasso que acerta o meu passo?

Que caminho percorrerá a linha que dará o contorno?

De que é feito o meu destino?

De onde vem o laço para afrouxar a minha justeza?

Por que cobiçar a grama vizinha?

Em qual direção fica a nova morada?

Qual a resposta tão esperada?

Davi de cinco pontas

Era uma vez um menino...
Reza a lenda que veio
Do fundo da baía
Outros mitos falam
De sua ascendência insular

Das caravelas,
Pedro ainda não o avistara
Apenas a terra que habitara

O menino tinha estrela,
Seu comportamento:
Desgoverno, vendaval,
Ensaiava tentativas meteóricas
Queria ser ator

Um dia se viu só neste planeta
Morrera um grande amor
O menino-estrela
Gostava de meninos
E desamparado estava
Fugiu então de casa
no rabo de um cometa...

Sua trajetória é um "rolé"
Canal por onde navega
Pura expressão verbal
Seu sonho, a ribalta
A intenção, virar sol
Porque estrela
Foi feita pra brilhar

Nu, de peito aberto,
Davi é resplandecente
No meu céu!

Joana de Vilhena Novaes

Colecionador de si

De quantas alegrias somos feitos?
Que arquivos constam em nossa memória?
Identidade pra quê?
Se depois de um banho
Nos descobrimos refeitos
Pode crer

Pesada é a culpa...

Os chineses advertem:
Água quente pra alergia
E gelada para melancolia!

Negativo revelado

Sou meus abismos
Sou no paradoxo e nas contradições
Sou meus contrastes e idiossincrasias
Sou uma excêntrica careta
Sou meus pontos cegos
Mas sou também solar e o centro das atenções

Fui feita recolhida, introspectiva
Busco palcos e holofotes
Sou timidez caramujo
E também a que não cala
Sou pura ambição e ribalta
Pra sempre mirim

Busco o máximo da corda esticada
Anseio a adrenalina de estar
Na beirada no cânion
Deitada no colo da mãe
Quero a lealdade canina
Minha fidelidade é felina

Toda ação deve ocorrer:
No meu tempo,
Do meu jeito
Dominando os espaços
– E não as pessoas –
Se assim não for
Meus pelos eriçam
E retraio
Entro majestosa aonde vou
Só chego aonde escolho!
Sou pra poucos
Mas quero muito
Decifra-me se for capaz...

Joana de Vilhena Novaes

O chamado

Banho d'água
Chama em mim
Ainda cala dentro
O que arde enfim
Sigo afogando
Nosso fogo assim

Calo, dentro, mata

Na minha fenda
Desce carmim
Por entre as pernas
Seiva, jasmim

Por entre os dedos
Escorre um tempo dobrado
entre volumes e contorções
amarrotados e confissões
suspiros e contrações

Fundamento da vida, cinza e lava das paixões...

Deleite, de nada, dentro d'água

Me afogo em nada
Renasço mil vezes
Estreio na vida
A tudo desfaço
Nós dois no ato
Vencidos pelo cansaço
Retomamos do início
Nossa dança
No ritmo do compasso
Unidos no laço
Sem perder o passo
ou, tampouco, os amassos
Porque água parada
Também refaz nosso moinho,
Depois dos abraços!
Novo caminho

Joana de Vilhena Novaes

Um pedaço de mim

E com a sua partida

Levou meus recheios
meus contornos, lentamente,
desembaraçaram você de mim
Sua sombra em mim
meu reflexo em ti
pretérito da nossa voz,
que passou

E flácida na cama
Corpo estendido assim
Sem achar o próprio reflexo
Reconheci no espelho
Tudo que já não era mais eu!

E descolados – corpo e alma
Cabeça para um lado
buscava a razão
Enquanto os membros
ainda guardavam
Retrato esfacelado
O irreconhecível
Que em nós sobrara
De um tempo distante
Ainda presente
Na superfície da pele
Que a mão alisa
À procura de outros corpos para uM EU formar

Dando azeitona pra banguela

Curiosos tempos os nossos
Uma gente estranha tem proliferado
pelos quatro cantos
Encantados com a densidade
Clamam pela profundidade de um pires
Demandam epopeias amorosas
com a duração de um gibi
Querem experiências orgásticas
Embora dispostos a mergulhar no bidê
Siderados por enlaces cinematográficos
Compromisso e renúncia geram pânico
Ambivalência parece ser a palavra de ordem
Só que não!
Sujeito chapado
Nada além da visão
Tudo deve caber no espaço da tela:
Apenas conexão!
Laço sem nó, converte em frouxidão
Abraço que não prende
Beijo de canto de boca
Despertar antes de o café tomar
Idílio amoroso sem promessas
Nossa vã compreensão escapa!

O pulo do gato

Quem disse que a vida é justa?
Quando estava previsto um mar de rosas?
Com que direito crê o mundo lhe dever alguma coisa?
Onde comprar os limões para a tal limonada?
Que fim levou a insuportável Poliana?
Te perdoou por te trair, antecipou Chico, com aguda clareza!

Gatinho não ligou?
Aquela vaga de emprego não fui eu quem levou?
Não é a mais bela?
Não é o mais rico?
Alguém é mais brilhante?
Casaram primeiro?
Nem sempre temos sorte, e daí?
Por acaso, avisaram que seria fácil?
Providencial é providência, só que não
Álibi para um crime perfeito!
Emburrou a cara, né?
Amarrou aquela tromba?
Vociferando, aos quatro ventos, que nada mais tem sentido?
Indagou, aos brados, na solidão do seu canto: será que é isso que a vida me reserva?
Empacou feito paquiderme na quina da vida!
E pôs as mãos pro alto
Como se falta não tivesse cometido

Comigo não tá, resoluto afirmou!
Preguiçou, cruzou os braços e repetiu para si:
Daqui não saio
Daqui ninguém me tira
Tenho nada a ver com isso
Coisa de destino
Foi sempre assim, fazer o quê?
Papai e mamãe apostaram no bilhete premiado
Esperavam a casa encher
Estreaste na vida
senão for ribalta
a morte deseja!
Ninguém jamais lhe disse:
nem tudo poderá ter!
O comezinho não lhe apraz
Determinação, apenas diante do espelho
Suor, só na esteira
Na vida... lhe parece danação
Esforço soa feito palavrão
Algo menor, para os menos afortunados,
A quem a sorte, roubaram de supetão!
Pulando carniça, pois quem não sabe brincar, melhor
nem pintar no play!

Mar de vantagens

Sonhar e acreditar nos sonhos sonhados... É tudo que resta e nisso eu confio! Do mar, conheço tão a fundo, que durmo na beira, para velar o meu sono. Conto histórias de pescador, mas, da maresia, nem o cheiro, apenas o toque da rede e o rebotalho do arrastão. Faço propaganda de grandes epopeias marítimas, mas, ao lado do coqueiro, finquei minhas raízes. Conto histórias alheias que juntam multidão, atraio olhares e me deixo inundar pela emoção. Eu me reinvento nesse contar, propagandeando o que jamais vivi, mas afinal: quando o vento bate e sobem as marés, preciso acordar, mesmo sem ter onde atracar!

Derrapando na vida

Deslize bobo, tolo
Derrapagem à toa
Dava até pra consertar
Mas decidiu entrar a toda
Indicou seta pra direta
E entortado da cabeça
Foi noutra direção
Me indaguei a razão
Dessas coisas que a gente se pergunta:
Por que não seguir em frente sem frear?!
Tão simples, bastava avisar
Querer outros caminhos
Desejo de outras paragens
Vontade de experimentar novos cenários
Mas não, escolheu a derrapagem
Fez que ia e não foi
Me deixou esperando no sinal!
E por mim passou a mil
Com os olhos atentos em outras calçadas
A perscrutar transeuntes, displicentemente
Até engatar outra marcha
Dei sinal vermelho
Alerta máximo quando o beco é sem saída
Caminho sem volta
Pra quem escolheu derrapar em outros quereres
A via se tornou de mão única
E nosso trânsito começou a congestionar!

Joana de Vilhena Novaes

Arquitetura de ninguém, projeto conjunto

Assim me parece, nos últimos tempos
Com todos a deslizar
Em concreto derramar
Reflexiva, me pergunto:
Pra quem erigir paredes internas?
Contra quais levantar os muros mais sólidos?
Como desvendar a fórmula que derreterá a laje protetora?
E assim, pouco a pouco,
Nos tornamos gente cimentada
Na base, afeto inquebrantável
Nas vigas, nossas fobias mais pessoais
Do cálculo, sem fundação
Da lógica, não criar raízes
Debaixo do mesmo teto,
Não vão morar
E sobre o tempo que resta
Hei de espalhar migalhas
E no terreiro, curiosos que venham ciscar
Em meu quintal, costuro a teia
Para preparar dessa trama a cama
Caiu na rede é peixe
Pousou no galho, vi o ninho formar!
Passarinho passará
E assim sendo

Bate as asas a voar
Mas é no jardim que algo fértil
Pode vir a florescer
Adubo certo na semente
Fé renovada nos laços
Reminiscências migram para o álbum crescer
Passado, presente, futuro
Voltam a dar liga
Pá de cal nas paredes
Demão de tinta fresca
Quadros outros pela sala
Para novos rostos,
Quiçá emoldurar!

Joana de Vilhena Novaes

(Des)monalização da beleza: sobre musas, deusas e divas contemporâneas

De quantas próteses precisa o seu sorriso?
Quais capas e jaquetas vestir, para mostrar os dentes de alegria?
Quanto falta preencher para capturar aquele olhar?
Qual metamorfose operar?
Em que medida suar para virar uma Madonna?
E o montante a perder, para revelar seu corpo em cena pública?
Qual a dose certa?
Me visto de puta
Atuo sinhazinha
Em qual manequim devo encaixar?
Alonga, aperta, estica, alisa
Que anatomia desejar, para se transformar em Afrodite?

Aumenta o decote
Sobe a saia
Carrega na caneleira
Investe em série nova
Dieta, só low carb
Entrega na mão do personal
E boa sorte
Corpinho tá pra jogo!

Quanto você vale no mercado?
E o que fazer quando a conta não fecha?
Mesmo se o ponteiro da balança e o tamanho daquela calça indicam zero!
Em que espelho nossa Monalisa se perdeu?

Derramados

Dia de chuva em cidade de sol desorganiza
Cariocas não gostam de dias nublados, já cantava Calcanhotto
E um certo romantismo ansioso toma conta
– Tá de bobeira?
– Tô, por quê?
– Vem me ver, quando chove é bom molhar com alguém!
– Ok, peraí, já vou me derramar contigo.
– Anda logo, já estou aguando por você!
– Tá bom, tá bom, logo, logo desaguaremos juntos.
– Se demorar, lágrima escorre e a boca seca.
– Seca não, no caminho te digo palavras molhadas, te encharcarão o corpo inteiro.
– Tá chegando? Já posso até sentir precipitar na superfície que arrepia.
– Sim, sim, tô pertinho: umidade relativa do ar, cinco minutos!
– Algo por dentro estremeceu!
– É você no interfone?
– Acertou na lata, *moi-même*!
Pico de pressão, rolha bate no teto, algo dentro explode escorrendo pelo chão.
Adormecidos e embaralhados
Refeitos, após mergulho profundo no imenso manancial de sensações
Dois corpos estendidos...
Expandidos, enfim, contraem.

Joana de Vilhena Novaes

Galo que não canta bate as botas

Decepção é como orquestra: aprendemos a tocar de ouvido
Às vezes chega alguém e a vida engata uma **Ré**
O **Sol** desaparece
E no pulmão, onde o ar impregnava,
Um suspiro de **Dó** toma conta
Melancolia nos alvéolos
Ira que atravessa o fígado
E o baço que clama Forte por açúcar e afeto
Na dor, calmaria só chega com muito **Mi Mi Mi**
Devidamente despejado, em ouvidos generosos
De quem nos abraça Fortíssimo!
E **Lá**, na beirada de um abismo interno
En**SI**mesmados,
Precipitamos nosso choro,
Pois é no luto que novas partituras nascem
E a sinfonia se re**FA**z...

Epitáfio com franqueza, memorial de incertezas

Com uma pá de cal, calei em mim suas digitais
Veio a onda dar o arremate final
E o mar levou, pra sempre, suas pegadas na minha superfície
Grão que fez semente virou pó
Encostada num coqueiro qualquer de verão
Observo a brisa que não sopra
Esfarelar meu negativo em quem abraças
Passeando pelo calçadão, à sombra de quem o acompanha,
Uma insignificância que chama de sua
Tristes dias sem fim
quando luz e sombra jamais se encontram
Conforto não há
Quiçá histórias pra contar!
Retrato de péssimo gosto...

De olhos bem abertos

Prólogo:
Mordida de banguela não tira pedaço
Mirada de cego não cai a roupa
Sinfonia de surdos: desconhece a razão,
A tudo esclarece
Quase sempre emudece
Linguagem de sinais: desenho animado no ar
Palavras parecem!
Das coisas em si capturadas:
Um olho no gato, outro no peixe
Olho na vida, outro no que nela padece
Olho no açoite, outro no algoz
Olho em tudo que floresce, outro no que míngua sem resposta
Olho nos rapazes, que feito vento correm pro mar
Outro nas moças, que deixam brisas e calores levantar as saias
Olho naqueles que apontam armas
Olho nelas que abrem: braços e pernas
Olho em quem dizima
Olho no ventre de quem sai gente
Olho aberto para escutar pérolas
Outro cerrado para nas conchas calar
Olho no altar para dobrar os joelhos
Outro no santo para quem escolho rezar
Olho passado no nascimento de quem foi parar na cruz

Sacolão de apanágios

Pera, uva ou maçã?
Moça bonita não paga, mas também não leva!
Pastel com caldo de cana, delícia!
A R$ 1,90, todavia,
antes da milícia!
Exxxxxxcolhe a balinha, são duas horas de filme!
Chiiiiiclete, chiiiiiclete
Docinho na boca,
de amarga basta a vida!
Olha o Dragão Chinês:
mata o calor, não o freguês!
Limonada geladjinhaaa
Moço, dá uma choradinha?!
Madame, lágrima só no Pantanal
Em Ipanema, lagoa secou, se deu mal
Sapo canta é no brejo
Na Farme, já não é assédio
E jacaré vacilão?
Vira bolsa, carteira ou Matte Leão!
Hashtag só que não
Mas se dá fruta, queres não
Pra sentir o cheiro da erva,
pro nove migra então
Larica bateu forte?
Biscoito Globo no pacote
Se o calor tá infernal
Fila do chuveirinho,
é igual a Melhoral
Vendedor de água,
ainda não vi
Aaaaaaaabacaxi, também não ouvi...

Mercado

Olhei sua foto
Informei-lhe o desejo
Devorá-lo queria
Atenção do dono não tive
Qualquer resposta sua, tampouco obtive
Desinteligência minha!
Desagradecido, ele, pensei...
Contemplativo
Olhando o horizonte
Disse também me amar
A boca, contudo,
nunca mais abriu
Minha voz, ali, contraiu
Entretido que estava
Por outras carnes, salivava
Novos mercados
Consumo excitante
Atenta às promoções
Genérico, senti
Com clareza, então, percebi:
Amor entregue no varejo
Afetos trocados no atacado
Correspondências extraviadas
De um tempo curto
Reconhecido na xepa dos frutos maculados,
Logo deixados
Para os que chegam tarde, lanterna dos afogados!

Dois estranhos, um contato, terceiro ato: encontro...

E aí Joana, o que faz por aqui?
– Aviamentos:
Pequenos consertos
Algumas bainhas de diversão
Alinho pensamentos
De crenças desencontradas
Costurando certos afetos
Cerzidos, a dedo, em justas representações
– Aperto forte no peito
Sexto sentido
Prenúncio, presságios
Pra longe os adágios
Certos odores
Quiçá amores
Livres das dores
Hei de encontrar!
Do seu dito: o que restará dessa quase ação?
– Num molde incerto, dois quereres terão se esbarrado de perto
Se fizerem a tabelinha: divisão sem resto!

Joana de Vilhena Novaes

Solidão

Senta, bebe, canta e levanta
Pedalando sem parar
A tudo confere
Distribui alegrias fugazes
Na praia trabalha
Descansa deserto solidão
Pela orla passeia
Olhar perdido
Mil coxas lhe atravessam
Se perde nesse mirar
De pé já não aguenta sem dor
De magrela, corre a orla
Vento na cara
Cabelo, um desgrenho
Vida, emoção
Mas quando chegar em casa
Ninguém pra abraçar
Pra escutar seu dia
Nem mesmo um ombro,
Tamanha solidão!
Um milhão de amigos tem,
A vida adora celebrar
Vivendo dez anos a mil,
sem hesitar!
Mulheres, várias pra beijar
Em seus corpos se perder
Nenhuma a sua boca calará
Busca cessará
Angústia irá mitigar
Em seus braços, acolherá
Moço boa pinta

Lábia não falta
Morada certa, ainda não tem
Com alguma conversa,
Com outras se deita
A todas deseja
Nenhuma convém
Pernas não precisa ter
A vida lhe deu asas
Tirou-lhe as raízes
Estabilidade não tem
Seus braços, rede de arrastão
Dentro do peito,
aperto, apreensão
Seu futuro é incerto
Fruto das aventuras vividas
Ele é gente como a gente
Do tipo: bicho solto, pedra sem limo
Vive cercado
Sozinho espera...
Nosso protagonista:
Um romântico inveterado,
Cidadão que gosta de laço apertado,
Nó bem dado
No rabo das saias,
que passam ao seu lado!

Joana de Vilhena Novaes

Descartáveis do mesmo saco

Eu te uso
Tu me usas
Nós usamos
Uso eu
Usa você
Resta ninguém
Envia-me sons para um despertar matinal
Devolvo-lhe canções de ninar
Ninguém se ouve
Faz-me rir
Danço contigo
Abro-lhe os braços
Corremos ao encontro de ninguém
A franqueza dobra em seu nome
Me chama repetindo as sílabas
Obstinação me define
Jamais desistiu de mim
Fitava-o de longe
Com resguardo
A mim escolheu
A ti, seta não apontei
Aos outros, atribuía seu desejo
Dos frutos seus
tenho meu predileto
Última pedra lançada
Dos meus...
Êxito certo
Minha esfinge não te devora

Do beijo, queria a eternidade
Da sua inconstância, nem um pedaço
És volúvel
Acusa-me de não saber dividir o pão
Domina teu rebanho
De mim, ciúmes revela
Ovelha desgarrada sou
Achei em você
Meus desencontros
Descobriu em mim
Seus desalinhos
Em outras palavras
Românticos de uso fácil
Convívio arestoso
Intensidade promissora
Faço em mim bom uso
Do objeto que sou em ti
Usa comigo
A melhor imagem que o espelho te devolve

Nostalgia

Solidão é o grito dos que ficaram para apagar as luzes, enquanto outras estrelas, na eternidade, brilham na memória.

Minhas desconstruções

Faço e desfaço
Minhas criações duram o tempo das marés
No movimento das ondas
Lambidas se desfazem
Areia vira espuma
Concreto, pó
Inteiro desfeito
Meus avessos revelam
Dos meus castelos
Só o grão
Quem mora neles – solidão!
Arquiteta de mim
Alinho e desalinho
No ritmo dos meus humores
E que acompanhe quem puder
Nem tente decifrar
Linha reta por aqui
Jamais encontrará
Tampouco me traduzo
Que venha comigo
Mergulhar na fundação
De aço, sujeito deve ser
De açúcar, sua alma
Comigo, dissolver
Em meu corpo, misturar

Amálgama dos apartados

Na arte, tudo que não deve, pode!
E assim, tinha início, narrativa singular
Tantos nãos
Entraves não faltavam
Dúvidas
Considerações feitas
Riscos avaliados
Desejos aumentados
Transgressão é combustível
Um certo ar blasé
fingindo ser banal os invadia
Coração no entanto acelerava
Olhares que fitam sem piscar
Corpos quase esbarram
Confissões ao pé do ouvido
E a certeza de que ali
Há muito era para ser!
Capturados naquele idílio amoroso
Tal qual num labirinto

Repetiam sem cessar:
O não daria espaço ao acontecer
Resistir, não adiantava
E a entrega não tardava
Discretos precisavam
Situação demandava
Mas os corpos não calavam
E a correspondência
dia após dia aumentava
Bíblia, Torá ou Alcorão?
Tambor, pontos ou clamor?
Entre mandalas, despachos e guias
Pecavam com fé e intensidade
E a trama adensava
O desejo não tardava
E dos corpos em comum
– seiva que escorre do tronco e na vida transforma –
Penitência, já não bastava
Ilegais, deitados e exaustos... enlaçaram-se!

Joana de Vilhena Novaes

Refugo de gente, barrada no baile

Fulano, beltrano, sicrano – você não!
Festa boa, regada do bom e do melhor
Na sua boca não entrará!
Da vida, gosto amargo
Rios de delícias
Mares caudalosos de prazer
Das fontes inesgotáveis
Não têm acesso
A você, nunca alcançarão!

Farelo bastaria,
Raspa do tacho,
Mas nem uma nesga
Seu chão é um vão
Linhas tortas, jamais em pé
Sempre fugindo

Qualquer lugar chama casa
Abrigo não há
Nem um quinhão desse latifúndio
A você pertence
Direito não é direção
pra quem nasceu esquerdo
Mãe à luz concebeu
Pai desconhecido
Nos braços de ninguém
Espelho que te reconheça não há
Uma vida de sombras
Jamais água fresca
No fundo do seu poço
Lama reflete o seu rosto
Sucesso é para quem um dia termina

Porque, da presença, registro se fez
De você, jamais tiveram notícia
Nem mesmo começou
Olhar não se deu
Céu de estrela quando olha
Tropeço garantido
Sua existência só acontece
em estado de alerta
O chão que pisa é áspero
Os pés, couraça
Calçada desconhece
Nem um átimo de um tempo bom
Acalanto é buzina
Cama na esquina
Cobertor – papelão
Em você, fartura não converte em substância
É para você verbo intransitivo
Obstáculo para ação
Olhos rasos d'água
Nas vitrines, o reflexo
Pela rua a vagar
Adjetivo = nada
Sinônimo = ausência
Lampejos de uma realidade outra
Da vida, sonhos não lhe deram condição
Gracejos de gente que não te enxerga
Lastro de indiferença
Memória de um vazio
Presentificado na carne
Alimento não há
Seu corpo não dá liga
É um fantasma de gente, que medo dá olhar!

Joana de Vilhena Novaes

Banquete particular

E tava ali guardado
Mesa posta, convidativa, cores vivas...
Uma profusão de novos sabores à minha espera
Queria não!
Pensei indigestão
Fiz cara de fastio
Olhava de soslaio
Mas do recheio: no máximo a cobertura

Gaiato, continuava a ofertar seus encantos
Fazia-se degustação

Às vezes na boca dava
Noutras tantas, na bandeja, entradas
Até em doce se transformava!
Nada, contudo, aprazia

Daquela comida não queria
E concluía com certa desconfiança
Não estar no tempo certo de provar a iguaria

Certo dia, no entanto, fez-se pescaria
Entraram juntos no barco
Sem saber ao certo onde dariam
Nas ondas fluíam
Sem mapa, roteiro ou script,
Algum tesouro encontrariam

Esbaldaram-se feito crianças
Brincadeiras e ternuras não faltaram
Dos corpos, o cheiro exalava
Daquele encontro, um menu de possibilidades revelou
Ávidos e sedentos, fartura aconteceu!

Des-sentidos pra viver ou sobre o meu evangelho particular

Qual o propósito?
Remanescer pra quê?
Por onde vai o laço se do tropeço restam apenas os nós?
Um eu sozinho não faz verão
Revoada de adeus
Terminou em um passar-sozinho
Ninho descoberto
Ovo já não há
Clara e gema apartadas não se mexem
É do amálgama que surge a vida
E na mistura que algo cresce
Que sentido há em rezar
sem pecados pra calar?
E quando a dor não silencia
Por qual milagre clamar?
O que será de mim

Se de você

Nem sombra há...?
Juntando os cacos

Quem sabe um outro

Em mim ressurgirá?

Joana de Vilhena Novaes

Tapa de NÃO na cara

Tolero mal desatenções
Preguiça de quem não olha de perto
Irrita-me a ausência de afagos
Desgosto de quem não acarinha
Paparicos me transformam
Pouco suporto descontinuidades
Cóleras e despropósitos, ignoro
Indiferente à cara feia
Interesse desperta a quem dá atenção
Admiração, em par com gentilezas
Neurastenia, cura vem com banho frio
Grosseria é moeda de troca, dando as costas
Desamor: ausência do não
Do meu desagrado, malas arrumadas, retiro seu chão
Da servidão... roubo-lhe o chicote da mão!

Descuidados

Distraídos estavam
quando a adultice

Deixaram de lado
E puseram-se a criançar
Perdidos naquele convite irresistível
Mergulharam em carinhos
Cada um a seu modo
Ameninou-se aos pouquinhos
Livraram-se da contenção
Voltaram às fraldas
Inundados de afetos
Carinhos molharam
E da mirada, caminho se fez
Distância já não havia

Nos corpos aproximados
Brincadeira de adulto se deu
Gestos trocados:
Ele brincava com sua boneca
Ela dirigia um caminhão
Juntos povoaram a cidade

Que ali construíam
Das fantasias, um castelo subiu
Das palavras trocadas, ruas e avenidas
Escoavam toda a chuva que deles saía
Olhando os fantasmas, adormeceram
Abraçados, ao longo da vida, anoiteceram!

(Da série: "Poemas fecundados, versos embrião")

Joana de Vilhena Novaes

Desnudamento com palavras e outros que tais

Aceitou seu convite
Sentaram-se de frente
Cara a cara
Sem se olhar

Fitaram o horizonte
Gestos atrapalhados
Sentido não acharam
Estranhos jantaram

Certo desconforto
Meias-palavras
Muito ruído
E algum relato de objetos perdidos

O álcool relaxa
Atraso esquecido
Certa dose de incerteza
Algumas gotas de ironia
Um gole de coragem
Ali se revelava nossa cartografia

As mãos não seguraram
Abraços faltaram
Beijos calaram
Deitados ficaram

O jazz acolhia
Vergonha já não ia
Corpos no breu
Balé de pernas pro alto
Êxtase tomando de assalto

Roupas espalhadas
Peles marcadas
Cheiro guardado
Corpos suados
E assim se livraram das palavras vestidas...

Descaminhos do Alê

Passeou pelos bares,
Tornou-se barbeiro
Por outras veredas andou...
Na Rainha Elizabeth habitou!

A gente sorria,
a cada porta que abria
E ele não ia

Conselhos pedia
Em meu colo dormia,
Nenhum adotou

Alerta deixava,
da vida apanhava
Pra sempre levantou...

Meu amigo seguia
seus descaminhos eu via
Com olhar atento e observador

Sete vidas parecia
como um gato que mia
e da queda se safou!

Joana de Vilhena Novaes

Por um fio (ou sobre a tessitura de enredos amorosos)

Ponto a ponto
Assim o construí
Como quem costura
No detalhe, inventei você pra mim
E com cautela, meticulosa,
Amarrava o desejo bem justinho
Minha linha alimentava a sua agulha
Que nas minhas fendas penetrava
Brincando de desaparecer
Em minha trama entrava
E, quando em mim coroava, fazia dia
Em seus mergulhos profundos,
Noite tornava
E pouco a pouco, desenho formava
E da mesma forma, a trama adensava
Dia após dia, a saia subia
Dentro do ventre,
Bordado de gente
Entre pontos de cruz,
Crochetávamos segredos
Ao pé do ouvido
Desembaraçavam novelos
E nessa tessitura
fizeste tua morada
Na bainha de mim
uma história começada
E as linhas viravam curvas
no que antes – reta solidão
Dos nossos fios
bela tapeçaria se fez
Do nosso chão
era uma vez...

Yom Kipur

Da memória, a sombra do objeto
Do semblante, espelhos quebrados pela casa
Da saudade, lençol amassado
Do seu cheiro, resto de sabonete encostado

Do seu rosto, levei o avantesma

Do vinho, terei o gosto
Na taça, deixei a fissura
Da sua saliva que um dia provei

Detalhes da sua presença, nos cantos da casa, estão
As marcas, tatuadas em mim, restarão
Do toque, no corpo, a impressão
Da soma dos corpos, filhos não virão

Do seu resto em mim, embrião
Do terceiro que agrega, perdão
História dos que se foram e são

Do luto, a lápide simbolizará
Da fossa, a sete palmos, enterrar-se-á
Nas lembranças, pra sempre, quedará...

Mar e rio

Mar e rio em mim
Você todo em mim
Força que draga
Paixões violentas
Torrente de afetos
Desejos sem fim

Mar e rio em mim
Revolvem as entranhas
Sacode a poeira

Espeta a pele
Sangra por dentro
Se esquece de mim

Mar e rio em mim
Introduz incertezas
Me acolhe as fraquezas
No olhar,

Desmancham sutilezas

Mar e rio em mim
Abre a ferida
Me arranca a pele
Recolhe meus restos
Se afasta enfim

Mar e rio em mim
Combustão sem freio
Ressaca pesada
Espelho quebrado
Sem pressa do fim

Mar e rio em mim
Do mar, nem a espuma
Da onda, um caldo
Pra longe de mim!

Mar e rio em mim
Difícil escalada
Longos mergulhos
Desenho borrado
Topografia ruim

Um copo de cólera

Som sem ruído não alcança palavra
Conversa de surdo, solidão
Sinal errado, tropeço
Gesto imperfeito, explosão

Zanga que não passa
Um quê desconexo
Sinfonia em desalinho
Trovão!

Muxoxos vomitados
Punhos cerrados
Dedo em riste
Maestro dá o tom!

Das pedras jogadas,
Mortalha costurada
Bem-querer, nunca me quis!

Diante dos piores preságios,
Desci ao Hades
Desatenta e colérica, ali escutei

Abri a geladeira e um copo tomei:
– Uva ou maçã?
Pecado original ou embriaguez moral?
Sinto-me mal

Os melhores venenos são perfumados
Frasco pequeno, grande o estrago
Cianeto, quem sabe estricnina?
Em algum lugar morreu Firmina

Pimenta nos olhos dos outros, refresco
Não faz mal
O que não mata engorda
Copos-de-leite, lágrimas e palmas, enterro
Palestinos numa nau – desterro!

Joana de Vilhena Novaes

De tudo que não pode ser

Na cinza do tempo, farei meu dia
Na beira da estrada, andei parada
Estarei guardada no vácuo do mundo
Sem eira nem beira, gostarei de você
No fundo de mim, cheguei à borda
Abrindo a porta, encontrei nada
Sentada à janela, por isso calei
Barco à vela, o porto avistei
Âncora no fundo, inventei asas e ilhas
No balé de pernas, descalcei as sapatilhas
Com você em mim, nada serei
Livro-me das penas, pois casca criei
Corto-lhe as pernas – a gaiola abrirei!

Pescaria no sertão

E gargalhei quando não ligou
Sorri pra dentro sem notícias suas
Descobri que jacarés transformam soluços em risos molhados
Gargalhei mais ainda
Ao não ver mais a sua face prateando as mensagens que mandava
E a lágrima secou
Ao perceber que não pescaria novas palavras
No rio seco dos carinhos onde nadávamos

Espelho às avessas

Visão pra dentro é devaneio
Olhar perdido no tempo, reflexão
Sonhar pra fora, libertação.
E quando tudo quebra, enxergamos além
É na cinza do fogo apagado que me pego dançando.
E para abrandar suas memórias, sopro forte, sem fôlego
A lágrima cai antecipando desertos
Sem a sombra das palmeiras, quedar-me-ei de pé
Na base trincada, cabeça voa.
Nuvem vira chão
Restos e rostos que já não são
Um pouco de mim que ainda é
Nada de ti pra sempre permanecerá.
Um tanto de aconchego, bom de mudar.

No arado em mim

Não se deixe enganar por minhas raízes profundas
Se cavam o chão
Em asas transbordam
Que em mar aberto deságuem
pois é no deserto que tudo germina
E a vida insiste pra dentro
Semente e grão viram gente
Broto regado jorra pão.
Bússola certa à deriva.
Botão no claustro morada
Folhas secas pelo chão – prisão!

Do gesto à gestação (para Teresa)

Tenho nela minha terra-continente,
Para que colheita segura possa haver
Escoro em seu corpo
a pá para revolver meus tempos arcaicos
Juntas entre metáforas e deslizamentos
meus outonos metamorfoseiam-se em verão